FABRIZIO PIVARI

COMUNICATI STAMPA SU INTERNET

I Segreti per Diffondere Online le Tue News e Rendere Famosa la Tua Azienda

Titolo

"COMUNICATI STAMPA SU INTERNET"

Autore

Fabrizio Pivari (Mr CS)

Editore

Bruno Editore

Sito internet

http://www.brunoeditore.it

Sommario

Introduzione

Non sono un teorico, sono uno sperimentatore e cerco, tramite l'esperienza *sul campo*, di ricavare regole che mi consentano di svolgere al meglio la mia attività di *pubblicatore* di comunicati stampa Internet (sono infatti soprannominato Mr CS).

Questo manuale ha lo scopo di descrivere i segreti carpiti in otto anni di attività, con la presunzione di fornire una panoramica a 360 gradi sul ruolo dei comunicati stampa ieri, oggi e domani, per dotarvi di un semplice ma potente strumento in grado di far conoscere la vostra azienda con il minimo sforzo e il massimo risultato.

CAPITOLO 1:

Il ciclo di vita del comunicato stampa

Da sempre le aziende sentono la necessità di dare risalto ai principali avvenimenti che le vedono protagoniste comunicandoli all'esterno. Il comunicato stampa è la principale modalità utilizzata. Tramite la distribuzione del comunicato stampa, si cerca di coinvolgere i media e di conseguenza di far conoscere "al mondo" la notizia contenuta.

Storicamente le aziende si sono strutturate con reparti preposti alla diffusione delle notizie (tipicamente uffici marketing e comunicazione esterna) o si sono avvalse di agenzie e consulenti esterni per svolgere il *ciclo di vita del comunicato stampa* che prevede:

1) la scelta della notizia;
2) la stesura;
3) la distribuzione;
4) la valutazione della campagna.

Alcune notizie devono essere forzatamente comunicate, come ad esempio la nomina di un nuovo amministratore delegato, i risultati finanziari annuali, un importantissimo accordo, un nuovo prodotto ecc.

Spesso la scelta della notizia e il taglio che le si vuole dare è una fase cruciale che coinvolge i "piani alti" e che può presentarsi non semplice nella fase di approvazione (soprattutto se richiede l'accordo di almeno due aziende come nel caso di *case history* e *partnership*).

SEGRETO n. 1: il comunicato stampa è la modalità con la quale le aziende comunicano all'esterno i principali avvenimenti che le vedono protagoniste.

La stesura del comunicato stampa è una fase laboriosa che spesso prevede più versioni e verifiche e che, soprattutto nel caso di aziende quotate in borsa, non ammette errori che potrebbero poi non poter essere corretti nella fase di distribuzione. Il comunicato stampa tradizionale, prevede una stesura standard di *stile anglosassone* con campi standard, ovvero:

1) titolo (title);

2) sottotitolo (abstract);

3) corpo del comunicato stampa (body).

All'inizio del corpo è prassi introdurre la città dove si è svolto l'evento descritto o la sede societaria e la relativa data. A fine comunicato stampa è consigliabile introdurre:

- la descrizione sintetica o le descrizioni sintetiche delle aziende citate nel comunicato;

- le persone da contattare per eventuali approfondimenti con i relativi ruoli;

- l'agenzia o le agenzie che operano la distribuzione del comunicato stampa;

- una o più immagini a corredo.

SEGRETO n. 2: impara a scrivere comunicati stampa in modalità classica (titolo, sottotitolo, corpo) con lo scopo di trasformare qualsiasi evento, anche il più banale, in un evento di rilievo, con un titolo e un sottotitolo che invoglino la lettura del corpo.

Inizialmente la distribuzione veniva effettuata per posta ordinaria o consegnando manualmente al diretto interessato il materiale (spesso in eventi organizzati ad hoc: le *conferenze stampa*), che era costituito da uno o più comunicati stampa con le relative fotografie (*cartella stampa*).

Ora, quando viene distribuito via email, si utilizzano formati standard come Word o Pdf per i documenti e Jpeg per le immagini.

Il *tesoro* delle agenzie di comunicazione e dei relativi uffici aziendali preposti, è la lista di distribuzione e i contatti costruiti negli anni.

Per valutare la campagna bisogna in primo luogo sapere dov'è stata pubblicata la notizia contenuta nel comunicato stampa e darle il giusto peso. In altre parole, sarà più efficace un piccolo trafiletto in decima pagina di un giornale nazionale o un articolo esteso ripreso in prima pagina di un giornale locale o ancora un articolo tecnico in un mensile specialistico?

SEGRETO n. 3: divertiti a descrivere ad esempio sagre di paese ed eventi che hai sempre ritenuto minori e inviali a giornali o portali locali: le pubblicazioni ti daranno un segnale di quanto hai scritto *bene* il comunicato stampa.

Le grosse aziende producevano e distribuivano ai propri manager un documento con cadenza periodica (giornaliero, settimanale, mensile) dove venivano raccolti gli articoli pubblicati sulla stampa riguardanti l'azienda in questione: la rassegna stampa aziendale.

Nei successivi capitoli, metterò in evidenza le differenze sostanziali del *ciclo di vita del comunicato stampa* Internet. Teniamo ben presente che considerando Internet solo come nuovo mezzo di distribuzione delle informazioni (ad esempio un nuovo modo di contattare le redazioni) il ciclo risulterà molto simile.

RIEPILOGO DEL CAPITOLO 1:

- SEGRETO n. 1: il comunicato stampa è la modalità con la quale le aziende comunicano all'esterno i principali avvenimenti che le vedono protagoniste.

- SEGRETO n. 2: impara a scrivere comunicati stampa in modalità classica (titolo, sottotitolo, corpo) con lo scopo di trasformare qualsiasi evento, anche il più banale, in un evento di rilievo, con un titolo e un sottotitolo che invoglino la lettura del corpo.

- SEGRETO n. 3: divertiti a descrivere ad esempio sagre di paese ed eventi che hai sempre ritenuto minori e inviali a giornali o portali locali: le pubblicazioni ti daranno un segnale di quanto hai scritto *bene* il comunicato stampa.

CAPITOLO 2:

Come scegliere le notizie

Internet è un nuovo media e i comunicati stampa su Internet sono un nuovo strumento in grado di:

1. catalizzare l'attenzione degli **utilizzatori** di Internet;
2. catalizzare l'attenzione dei **motori di ricerca**;
3. catalizzare l'attenzione di **giornalisti/redattori**.

Lo scopo dei nuovi comunicati stampa sarà quindi **molteplice** perché rivolto ad almeno tre target: i *navigatori*, i *motori di ricerca*, le *redazioni*.

La scelta delle notizie è quindi anche legata al **target primario**. Se il target primario sono gli esseri umani si dovranno scegliere notizie *fresche*, immediate e virali. Notizie che possano essere apprese in poche righe, che possano incuriosire e stimolare il *passaparola* (come le news di agenzia).

SEGRETO n. 4: i navigatori, i motori di ricerca, le redazioni sono i tre target ai quali si rivolge il comunicato stampa; impara a selezionare le notizie da comunicare in base al target di volta in volta prescelto.

Se il target primario sono le redazioni le notizie dovranno essere interessanti e complete. Ovvero la redazione vi dovrà poter trovare tutti gli elementi per poter costruire un valido articolo. Per elementi si intende: un testo approfondito, immagini anche di qualità e soprattutto i riferimenti a cui le redazioni potranno chiedere ulteriore materiale specifico.

Se il target primario sono i motori di ricerca per assurdo non sarebbe neanche importante la qualità dei contenuti ma solo una valida costruzione utilizzando le migliori strategie di SEO (*Search Engine Optimization*).

Il comunicato stampa su Internet è spesso un **complesso compromesso** per poter accontentare nel miglior modo possibile i differenti target (tenendo sempre presenti le limitazioni imposte da vari mezzi distributivi).

SEGRETO n. 5: un comunicato stampa Internet è un *giusto* compromesso di stili e notizie per venire incontro alla molteplicità dei fruitori presenti in rete.

Esercizio 1

Pensa l'argomento più semplice per scrivere comunicati stampa per qualsiasi attività.

Il questo primo esercizio ti voglio dare un aiutino: hai un sito o un blog o almeno una pagina Facebook? Immagina di averlo appena realizzato o di aver realizzato, ad esempio, una nuova veste grafica. Comunicalo!

Esercitati a pensare alle tematiche di comunicati stampa per nuovi siti di esperienze personali o di amici e vedrai come, poi, ti risulterà semplice con le aziende!

RIEPILOGO DEL CAPITOLO 2:

- SEGRETO n. 4: i navigatori, i motori di ricerca, le redazioni sono i tre target ai quali si rivolge il comunicato stampa; impara a selezionare le notizie da comunicare in base al target di volta in volta prescelto.
- SEGRETO n. 5: un comunicato stampa Internet è un *giusto* compromesso di stili e notizie per venire incontro alla molteplicità dei fruitori presenti in rete.

CAPITOLO 3:
Come avviene la stesura

Il comunicato stampa tradizionale ha come unico scopo quello di fornire al giornalista/redattore tutte le informazioni necessarie per redigere un articolo sull'*evento* descritto.

Invece il comunicato stampa Internet deve essere un giusto compromesso in grado di fornire le più complete e mirate informazioni alla redazione, al lettore, al motore di ricerca.

Ovvero, a meno che non si voglia o non si possa scrivere differenti versioni del comunicato stampa Internet rivolte a differenti fruitori, bisogna riuscire a creare un comunicato in grado di fornire tutte le necessarie informazioni per una persona che vi dovrà costruire un articolo, per una persona che dovrà leggerlo (le redazioni di siti di comunicati stampa non modificano il comunicato pubblicandolo integralmente, alcune redazioni apportano solo lievi modifiche o tagli) e per i motori di ricerca.

SEO (Search Engine Optimization) e comunicati stampa

Un comunicato stampa pubblicato su Internet (integralmente o rielaborato) non è nient'altro che una pagina Html pubblicata su un sito.

Per questo motivo dobbiamo cercare, se ce ne viene data la possibilità, di *sfruttare al meglio* quanto offerto o di cercare di influenzare chi dovrà rielaborare il comunicato stampa in modo tale che la pagina pubblicata sia ben rintracciabile attraverso chiavi preselezionate e che il sito, o le pagine del sito prescelte, ricevano link mirati.

Ovvero, il comunicato stampa su Internet si trasforma in un'ottima *strategia SEO esterna* al proprio sito, in grado di far trovare, nei principali motori di ricerca per chiavi preselezionate, il comunicato stampa pubblicato, il sito o le pagine del sito di riferimento e quindi costituisce anche un'ottima strategia di *link popularity*.

SEGRETO n. 6: un comunicato stampa Internet è un ottimo strumento di SEO *esterno* e di *link popularity*.

Titolo, sottotitolo, corpo (headline, summary, body)

Nella costruzione piramidale anglosassone di una pagina Html, la scelta del titolo è spesso fondamentale. La scelta di un titolo contenente le giuste parole chiave ne permette un'efficace rintracciabilità nei motori di ricerca.

Si tenga presente che, nelle principali piattaforme blog o CRM, il titolo influenza, nella relativa pagina, la costruzione di:

- URL;
- <title>;
- spesso il campo meta description;
- <h1>.

Ovvero, supponendo che il titolo sia *FIAT 500*:

- l'URL della pagina Html creata potrebbe diventare …/fiat-500/;
- <title>FIAT 500</title>;
- <meta description="FIAT 500">;
- <h1>FIAT 500</h1>.

Di conseguenza, la pagina Html verrà costruita attorno alle due parole chiave "FIAT" e "500".

Ovviamente il titolo di un comunicato stampa dovrà essere la giusta mediazione tra una sequenza di parole chiave di interesse e un titolo che possa attrarre l'attenzione del lettore e di un eventuale redattore.

Tenete presente che dato che le lingue occidentali si scrivono da sinistra a destra e dall'alto in basso, l'occhio presterà più attenzione a quanto scritto in alto e a sinistra. Un motore di ricerca si comporterà nello stesso modo.

Questo riconferma che il titolo, nella costruzione piramidale di un comunicato stampa, è la parte principale anche per un motore di ricerca e che le parole del titolo a sinistra saranno maggiormente prese in considerazione.

Il precedente titolo (*FIAT 500*) nella realtà quotidiana potrebbe essere trasformato in: *FIAT 500: il nuovo restiling è stato presentato a GINEVRA...*
Suggerisco di cercare di evitare *caratteri strani* nel titolo come:

- ´ e ` (sostituendoli con ');

- " e " (sostituendoli con ").

In ogni caso, prestate attenzione alle lettere accentate (in alcune vecchie piattaforme conviene utilizzare ad esempio **a'** al posto di **à**) o a caratteri come &, %, $ ecc. Questo suggerimento nasce storicamente dall'esistenza di tre modi sostanziali di rappresentare i caratteri: ANSI (che purtroppo ha una versione Win, Mac ecc.), UTF8 e Html.

Il titolo è la parte più delicata perché, come detto, viene utilizzato in posizioni differenti e ad esempio gli URL non supportano ASCII esteso, né UTF8, né Html e spesso si verificano strani problemi di conversione (può succedere che un comunicato stampa risulti pubblicato ma poi non si riesca a visualizzare online perché l'URL non risulta valido). Questi problemi emergono solo quando si utilizzano vecchie versioni di Content Management Sistem (CMS) o blog.

È meglio che il titolo non superi gli 80-100 caratteri (spesso in siti importanti vi sono limitazioni che suggeriscono questa scelta, a meno di non avere diverse tipologie di titolo per differenti siti).

Il sottotitolo è indispensabile per ribadire le chiavi principali con opportuni sinonimi e chiavi collegate e per fornire un mini riassunto che invogli la lettura integrale da parte di un eventuale lettore o redattore. Ad esempio, *Il restiling della nuova Cinquecento è stato presentato a Ginevra da FIAT...*

È meglio che il sottotitolo non superi i 250 caratteri e che sia attorno a 150 caratteri (anche in questo caso vi sono spesso limitazioni in siti importanti). Per evidenziare il sottotitolo in un comunicato stampa Html, una prassi molto utilizzata è metterlo in *italico*.

Spesso per il campo body sono richiesti più di 3.000 caratteri (anche in questo caso vi sono limitazioni in siti importanti). Il corpo è il *core* di un comunicato stampa e, nello stesso tempo, la parte dov'è necessario dosare al meglio il compromesso per accontentare motori di ricerca, lettori e redattori (a meno che non si sia scelto di fare differenti versioni mirate dello stesso comunicato stampa).

Ovviamente dovrà riguardare un evento interessante, essere

scritto per catturare l'attenzione fino in fondo, utilizzare valide strategie di SEO sottolineando le chiavi (o sinonimi) già evidenziate (utilizzando italico e grassetto) in titolo e sottotitolo e dovrà contenere i link per chiavi preselezionate, i riferimenti per eventuali futuri contatti, il materiale fotografico ecc.

Iniziamo ora a costruire il nostro body in Html.

1. Che versione di Html utilizziamo?
2. Di che tag ci serviamo?

Sembrano domande inutili ma, in realtà, sono aspetti fondamentali. In Italia, i siti che accettano comunicati stampa Html sono la maggioranza (questo presupposto non vale per i comunicati stampa in inglese). Sebbene le piattaforme più utilizzate dai suddetti siti siano Blogger, WordPress, Joomla (in Italia viene poco utilizzato Drupal, che invece in Germania va molto) spesso si usano vecchie versioni non aggiornate.

Per questa ragione, suggerisco di utilizzare **Html4** con **tag minimali** (soprattutto per comunicati stampa in inglese): <p>, <br>, <b></b>, <i></i>, <a href=, <img src=. Ricordate che

l'Html è un linguaggio. Scegliendo di utilizzare i comandi meno nuovi e più utilizzati aumenteranno le probabilità che tutti i siti interpretino l'Html correttamente visualizzandolo nello stesso modo ovunque.

Attenzione: a priori non potete sapere se un sito utilizza UTF8 o il vecchio ANSI. Suggerisco quindi di non utilizzare mai nel body direttamente UTF8 o ANSI, ma gli equivalenti comandi Html.

SEGRETO n. 7: l'Html è un linguaggio; utilizzando i comandi meno nuovi (Html4) e più utilizzati aumentano le probabilità che tutti i siti interpretino correttamente l'Html visualizzandolo nello stesso modo ovunque.

Ecco una tabella dei principali caratteri Html utilizzati in lingua italiana (per la tabella completa si rimanda a Internet):

left single quote	&lsquo	'
right single quote	&rsquo	'
less-than sign	<	<
greater-than sign	>	>
lowercase a, grave accent	à	à

lowercase e, grave accent	è	è
lowercase e, acute accent	é	é
lowercase i, grave accent	ì	ì
lowercase o, grave accent	ò	ò
lowercase u, grave accent	ù	ù

Ammettiamo che le chiavi selezionate per il nostro comunicato stampa siano "FIAT 500", "restiling", "salone Ginevra". Per sfruttare al meglio le strategie SEO di pagina sarà opportuno introdurre tali chiavi o sinonimi più volte nel body ed evidenziarle con grassetto (<b></b> o <strong></strong>) e italico (<i></i> o <em></em>).

Un comunicato professionale e ben costruito prevede che alla fine ci sia una descrizione delle aziende presenti nel comunicato (in inglese "*About*", in italiano semplicemente il nome dell'azienda seguito da una breve descrizione) e dei referenti da contattare. Spesso viene citata anche l'agenzia che si è occupata della stesura e della distribuzione del comunicato stampa.

Finora abbiamo semplicemente descritto un comunicato stampa classico, rivisto in ottica SEO in modo da sfruttare al meglio i motori di ricerca per chiavi selezionate. È ovvio che in questa ottica sarebbe meglio poter avere un comunicato stampa leggermente diverso per ogni sito. Questo però comporterebbe una lievitazione dei costi insieme ai tempi di scrittura e di inserimento.

Un semplice e valido compromesso può essere avere, per un singolo comunicato stampa, diverse versioni di titoli e occhielli in modo tale che si possa utilizzare un più ampio spettro di chiavi che ai motori di ricerca non risultino come semplici duplicati.

Passiamo ora a esaminare le sostanziali differenze di un comunicato stampa Internet.

I link

Anche quando è possibile inserire un comunicato stampa solo in forma testuale, è indispensabile inserire in più punti il sito di riferimento in modalità testuale dove poter approfondire gli argomenti trattati.

Ovviamente, se possibile, inserire il comunicato stampa in modalità Html in modo che tali riferimenti diventino link cliccabili.

Si riuscirà così ad agevolare il reperimento delle informazioni da parte di un lettore/persona.

Più importante è far capire a un lettore/motore di ricerca che il link esplicitato è importante per specifiche chiavi. Ovvero, se nel nostro testo Html sotto le parole "FIAT 500" mettiamo un link a www.fiat500.it o a www.fiat.it/500, diremo al motore di ricerca che le chiavi FIAT 500 sono importanti per i link indicati.

Per dare maggior risalto a un link si possono utilizzare grassetto e italico (senza abusarne). Ad esempio <a href="http://www.fiat.it/500"><strong>Fiat 500</strong></a>.

In questo modo, il comunicato stampa diventerà un utilissimo strumento SEO di *link popularity* e di potenziamento di specifiche chiavi se pubblicato integralmente e anche se pubblicato in siti di non primissimo livello.

Per questa ragione sarà importante pubblicare il nostro comunicato stampa Html nel maggior numero di siti possibili senza tralasciare siti che, a una prima valutazione, sembrerebbero minori e inutili, come quelli dedicati esclusivamente alla pubblicazione di comunicati stampa o di *article marketing*.

Spesso i siti pongono delle limitazioni sul numero di link che possono essere inseriti (di solito 3). Basterà fare di un comunicato stampa due versioni Html, una con un numero libero di link (anche se è sensato non averne mai più di 10) e una con 3.

Le immagini

In un comunicato stampa Internet le immagini non sono a corredo come in un comunicato tradizionale, ma sono integrate.

Su Internet c'è sovrabbondanza di informazioni testuali ed è difficile che un lettore-persona vada su un sito di comunicati stampa, li sfogli e li legga. Ovviamente è più semplice che, avendo immesso in un motore di ricerca determinate chiavi e avendo trovato un comunicato stampa in un sito, si soffermi a leggerlo. Cosa lo spingerà a leggerlo? Il titolo sicuramente, forse il sottotitolo, ma sarà difficilissimo che arrivi ad approfondire tramite il body e, anche in quel caso, cercherà di capire il senso tramite le parti evidenziate.

Spesso, se il titolo deluderà le sue attese, passerà oltre nella ricerca, ma se nell'articolo vi sarà una bella immagine, rimarrà stampata nella sua mente.

SEGRETO n. 8: le immagini costituiscono una strategia essenziale per attirare l'attenzione e spesso si rivelano l'unico messaggio percepito dal lettore.

Immaginiamo, ad esempio, un comunicato su una cantina vitivinicola, di nessun interesse per il lettore, ma che ha la fotografia di una bottiglia con una bellissima etichetta. Anche se l'articolo non verrà letto l'immagine, una volta vista, rimarrà e magari riemergerà nella scelta dei vini in un supermercato o in un ristorante.

Consiglio quindi di scegliere con cura, per ogni comunicato stampa, almeno un'immagine nonché la posizione all'interno del comunicato. Le più utilizzate sono:

- piccola in alto a destra;
- piccola in alto a sinistra;

- grande in centro.

La scelta dell'ubicazione è dovuta all'importanza dell'immagine relativa al comunicato stampa. Se l'immagine è poco importante e piccola, è meglio posizionarla in alto a destra. Se importantissima e grande al punto da spezzare il comunicato stampa (o prima dei contatti), posizionarla al centro.

Vediamo ora alcuni tecnicismi Html:

1. INTRODUCETE l'immagine in un vostro sito e caricatela attraverso codice Html, ad esempio: <imgsrc="http://www.ilvostrosito.it/directory/lavostraimmagine.jpg"/>. È improponibile caricarla in ogni sito e in questo modo avrete un codice valido per tutti i siti che supportano Html;
2. utilizzate la vecchia modalità align= "left" o align="right";
3. tenete presente che a priori non saprete la larghezza (width) che ogni sito metterà a disposizione per i vostri comunicati stampa; consiglio quindi, per un'immagine piccola, di usare un width di massimo 300 pixel.

A volte vi è la possibilità di vedere l'immagine ingrandita

cliccandoci sopra, ma in questo modo si utilizza un link che può essere importante per i siti che limitano i link utilizzati. Un'altra modalità può essere di mettere nel sito un'immagine di media risoluzione (width 600) e limitare nel comunicato l'immagine con height e width.

Se si vuole utilizzare un'immagine grande centrale consiglio di utilizzare un width variabile ad esempio width="95%". Questa semplice istruzione dice al browser: «In fase di visualizzazione della pagina utilizza il 95% della larghezza (width) di pagina per far vedere l'immagine».

Supponiamo che un sito sia configurato per avere post di larghezza 500 dpi. L'immagine verrà visualizzata con una larghezza di 500x95% dpi. Questo *trucchetto* vi permetterà di usare anche immagini grandi senza correre il rischi che *debordino*.

Recenti versioni di CMS riescono, in autonomia, a risolvere questo problema, ma ricordatevi che il nostro obiettivo è arrivare a una modalità valida per qualsiasi piattaforma:

4. Scegliete con cura il nome dell'immagine e il relativo URL attorno a chiavi di rilievo. Introducete i campi "alt" e "title" dell'immagine utilizzando le stesse chiavi.

Tenete presente che *images.google.com* è un motore di ricerca molto utilizzato e può portare numerose visite.

5. L'immagine può rappresentare un valido modo per avere indicazioni sul numero di volte che i vostri comunicati stampa Html vengono visualizzati.

Allegati multimediali

Un comunicato stampa Internet potrebbe utilizzare inserti multimediali. Non intendo la possibilità di scaricare file di qualsiasi formato, che poi possono essere utilizzati con gli opportuni client, come .pdf, .doc, .mpeg ecc., ma la possibilità di inserire un microcodice Html (di solito poi viene utilizzato Flash in attesa che Html5 sia sempre più supportato) che renda possibile vedere video, slide e photogallery, sentire musica ecc.

I principali servizi Internet (Youtube, Slideshare ecc.) forniscono la possibilità di copiare il codice Html (embed) per incollare l'oggetto selezionato nel proprio comunicato stampa. Purtroppo alcuni siti, pur supportando Html, non consentono di visualizzare il suddetto codice (spesso si tratta di vecchie piattaforme WordPress).

Un'ulteriore futura evoluzione è la possibilità di avere comunicati stampa sempre più interattivi e multimediali. Ad esempio, un comunicato stampa potrebbe contenere demo di giochi o sondaggi.

SEGRETO n. 9: il futuro prossimo del comunicato stampa Internet sarà la trasformazione da *vettore di informazioni* in *costruttore di informazioni*.

Il comunicato stampa Internet diventerà un ottimo strumento non solo per far conosce, ma soprattutto per *catturare* informazioni.

Esercizio 2

Abbozzerò un comunicato stampa relativo al mio sito Comunicati-Stampa.com. Esercitatevi a farne sul vostro, su quello di un vostro amico, su quello di aziende di vostra conoscenza, su eventi locali.

Titoli

- Comunicati-Stampa.com, il primo blog italiano interamente dedicato ai comunicati stampa, si rinnova.

- Comunicati-Stampa.com, il sito per la pubblicazione gratuita di comunicati stampa, ha una nuova veste grafica.

- Comunicati-Stampa.com, portale per pubblicare gratis comunicati stampa, ha rinnovato il look.

Occhielli

- Il principale portale italiano per l'introduzione gratuita di comunicati stampa su piattaforma WordPress da oggi si presenta con una grafica in grado di accontentare anche i navigatori iPad e iPhone.

- Il sito numero uno in Italia che consente l'introduzione di comunicati stampa Html senza pagamento ha un nuovo look che viene incontro ai navigatori iPad e iPhone.

- I navigatori (anche iPad e iPhone) apprezzeranno il rinnovamento grafico del principale sito di comunicati stampa nazionale.

Body

Comunicati-Stampa.com è stato il primo blog italiano (inizialmente su piattaforma Blogger) esclusivamente dedicato alla pubblicazione gratuita di comunicati stampa.

Con il passare degli anni, è stata abbandonata la piattaforma Blogger, soprattutto per una gestione semplificata degli utenti, per passare alla più professionale piattaforma WordPress.

Oggi, per dare sempre un migliore servizio ai pubblicatori e ai navigatori, si è scelta una nuova interfaccia grafica in grado di fornire una navigazione semplice e immediata soprattutto per i sempre più numerosi navigatori forniti di smartphone (iPhone e Android) e iPad.

Il comunicato stampa in Html4

Comunicati-Stampa.com, il sito per la pubblicazione gratuita di comunicati stampa, ha una nuova veste grafica.

<em> I navigatori (anche iPad e iPhone) apprezzeranno il rinnovamento grafico del principale sito di comunicati stampa nazionale.</em>

<p><img src="" http://www.comunicati-stampa.com/CSlogo.jpg" width="137" height="143" align="left" /><em>Rovigo 25 gennaio 2011</em> - Comunicati-Stampa.com è stato il <strong>primo blog italiano</strong> (inizialmente su piattaforma Blogger) esclusivamente dedicato alla <a href="http://www.comunicati-stampa.com/"><strong>pubblicazione gratuita di comunicati stampa</strong></a>.

<p>Con il passare degli anni è stata abbandonata la piattaforma Blogger, soprattutto per una gestione semplificata degli utenti, per passare alla più professionale piattaforma WordPress.</p>

<p>Oggi per dare sempre un migliore servizio ai pubblicatori e ai navigatori si è scelta una nuova interfaccia grafica in grado di fornire una navigazione semplice e immediata soprattutto per i sempre più numerosi navigatori forniti di smartphone (iPhone e Android) e iPad.</p>

Salvate questa parte in un file con estensione .html e provate ad aprire il file in un browser. Provate a ridimensionare la finestra (con larghezza maggiore dell'immagine) e vedrete che il testo si riformatta adattandosi perfettamente. **Attenzione**: Word *abbellisce* i doppi apici ma ricordatevi che in Html si tratta di doppi apici semplici. Ecco come dovrebbe apparirvi:

I navigatori (anche iPad e iPhone) apprezzeranno il rinnovamento grafico del principale sito di comunicati stampa nazionale.

Rovigo 25 gennaio 2011 - Comunicati-Stampa.com è stato il **primo blog italiano** (inizialmente su piattaforma Blogger) esclusivamente dedicato alla **pubblicazione gratuita di comunicati stampa**.
Con il passare degli anni è stata abbandonale la piattaforma Blogger, soprattutto per una gestione semplificata degli utenti, per passare alla più professionale piattaforma WordPress.

Oggi per dare sempre un migliore servizio ai pubblicatori e ai navigatori si è scelta una nuova interfaccia grafica in grado di fornire una navigazione semplice ed immediata soprattutto per i sempre più numerosi navigatori forniti di smartphone (iPhone e Android) e iPad.

RIEPILOGO DEL CAPITOLO 3:

- SEGRETO n. 6: un comunicato stampa Internet è un ottimo strumento di SEO *esterno* e di *link popularity*.

- SEGRETO n. 7: l'Html è un linguaggio; utilizzando i comandi meno nuovi (Html4) e più utilizzati aumentano le probabilità che tutti i siti interpretino correttamente l'Html visualizzandolo nello stesso modo ovunque.

- SEGRETO n. 8: le immagini costituiscono una strategia essenziale per attirare l'attenzione e spesso si rivelano l'unico messaggio percepito dal lettore.

- SEGRETO n. 9: il futuro prossimo del comunicato stampa Internet sarà la trasformazione da *vettore di informazioni* in *costruttore di informazioni*.

CAPITOLO 4:

Come effettuare la distribuzione

Se scrivere comunicati stampa su Internet è un'*arte* che richiede competenze tecniche e capacità di ricerca del *giusto* compromesso, distribuire comunicati stampa è sicuramente un'*attività cruciale*, anche se spesso non percepita come tale perché manuale e ripetitiva.

SEGRETO n. 10: riduci al minimo la possibilità di generare errori poiché un errore in fase di distribuzione è difficilmente correggibile e richiede sforzi nettamente superiori a quelli di distribuzione.

Pretendete sempre dal cliente la versione finale e la versione Html corretta e riveduta del comunicato stampa. Se vi accorgete della presenza di refusi nel testo o di errori nell'Html pretendete dal cliente (se possibile) la correzione e l'invio della versione corretta e riveduta.

Se il cliente esigesse da voi modifiche e correzioni dirette, fate presente che le vostre correzioni possono generare errori.

SEGRETO n. 11: non fare mai modifiche in fase di inserimento, ma modifica con calma e controllando più volte le modifiche effettuate nel materiale d'appoggio.

Pubblicate il comunicato stampa finale in un unico sito che consenta l'introduzione Html e le correzioni e obbligate il cliente a darvi l'approvazione alla distribuzione.

Ciò significa che il cliente dovrà verificare la correttezza del comunicato stampa inserito e autorizzarvi a distribuirlo così come visionato. Questo vi sgraverà da ulteriori problemi sorti in fase di distribuzione.

I file d'appoggio

1) Un file testuale contenente il titolo e il codice Html del comunicato stampa creato utilizzando solo i tag <p>, <br>, <i></i>, <b></b>, <img src=, <a href= oppure <p></p>, <br />, <em></em>, <strong></strong>, <img src=, <a href= in

modo tale che possano funzionare in tutti i siti che accettano codice Html ed essere visualizzati in modo simile (si può provare a utilizzare il codice embed come per video e altro tenendo presente che non funzionerà in tutti i siti). Se il suddetto file avrà estensione .htm o .html, cliccandoci sopra si potrà percepire la formattazione (senza i limiti imposti da ogni sito di massimo width) in un browser (vedi l'esempio che ho descritto nel precedente capitolo).

2) Un file testuale come il precedente, ma con massimo 3 link. Visto che alcuni siti hanno come limitazione 3 link è utile predisporre prima la parte di codice Html in modo tale da non dover fare modifiche in fase di inserimento.

3) Un file testuale contenente titolo, sottotitolo, body, chiavi, persona da contattare, email e telefono della persona, azienda, indirizzo dell'azienda, descrizione dell'azienda.

Ecco un esempio:

Fabrizio Pivari	#persona da contattare
fabrizio@pivari.com	#email personale
Pivari.com	#azienda
Via Boscolo 15	#indirizzo

45100 Rovigo	#CAP e città
0425 21601	#telefono aziendale (centralino)
info@pivari.com	#email generica aziendale
http://www.pivari.com	#sito aziendale

Titolo/i

Occhiello/i

Corpo del comunicato

Alcuni siti di comunicati stampa, spesso di rilievo (molti per comunicati stampa in inglese), consentono di introdurre solo comunicati stampa in formato testo. Spesso prevedono molti campi obbligatori tra cui: titolo, sottotitolo, body, chiavi, persona da contattare, email e telefono della persona, azienda, indirizzo dell'azienda, descrizione dell'azienda.

Per questo motivo consiglio di predisporre un file di testo con tutte queste informazioni in modo da poter poi fare, in fase di inserimento, copia e incolla dei campi richiesti.

Attenzione: spesso il body testuale viene ricavato facendo copia e incolla della parte testuale della visualizzazione del comunicato stampa Html. Ma un comunicato stampa Html viene scritto per un lettore web e/o con finalità SEO e spesso si fanno i seguenti errori:

- In tutto il comunicato stampa non viene mai esplicitato il link dove approfondire. Ad esempio si parla dell'azienda XYZ senza mai esplicitare che il sito di riferimento è, ad esempio, www.xyz.biz. Questo, in un comunicato stampa Html dove poi vi saranno i link per raggiungere il sito spesso non è un problema, ma può essere una grossa limitazione per un lettore dello stesso comunicato stampa solo testuale.

- In comunicato stampa Html si inseriscono frasi come: «Per approfondire clicca qui» o «Questo è il sito Facebook ufficiale» che hanno senso solo nel caso vi sia dietro un link di riferimento. Nella versione testuale queste frasi sono dei veri e propri errori, a meno che poi non venga esplicitato il link.

- Inserire almeno un'immagine in formato Jpeg. I siti che accettano comunicati stampa in formato testo, spesso consentono il caricamento di immagini jpeg. L'inserimento di un'immagine può essere laborioso e spesso percepito come poco importante. Attenzione, spesso non è così, soprattutto per quei siti i cui articoli vengono poi ripresi da Google News comprensivi di immagine.

Le modalità di distribuzione

Le modalità di distribuzione sono diverse, ognuna con strategie specifiche (anche se quelle veramente efficaci sono solo due):

1) invio di email;

2) introduzione manuale;

3) introduzione pseudo-manuale (Xml-Rpc e Atom);

4) *cross-posting* (siti specializzati, social news, social network, feed aggregator ecc.);

5) proprio sito fonte per altri.

Vediamole nel dettaglio.

Invio di comunicati stampa tramite email

I comunicati stampa possono essere mandati via email a redazioni o giornalisti, che ne valuteranno la validità per un'eventuale pubblicazione, o a indirizzi email particolari che, con speciali applicazioni, sono in grado di trasformare il comunicato in un post Html e di pubblicarlo immediatamente o in seguito a una revisione della redazione. L'invio a redazioni o giornalisti non garantisce a priori nessun risultato e, in ogni caso, l'eventuale pubblicazione potrebbe essere stravolta rispetto all'originale e spesso senza link. Inoltre, non è semplice venire a conoscenza dell'avvenuta pubblicazione.

La possibile pubblicazione dipende da:

- la qualità e l'importanza del comunicato;

- l'importanza dell'azienda/e descritta/e;

- la conoscenza diretta del giornalista, delle redazioni e di eventuali accordi preliminari;

- l'accuratezza delle redazioni a cui si invia il comunicato (ovvero è inutile, se non controproducente, inviare un comunicato stampa automobilistico a una rivista di bocce);

- il numero degli invii.

L'invio di comunicati stampa tramite email è la metodologia più utilizzata e percepita come più semplice. Molto complessa è invece la costruzione di un data base di indirizzi email esteso, accurato e diviso per tipologie, in modo da riuscire ad automatizzare e ottimizzare l'invio.

Ad esempio: un comunicato stampa di Ferrari potrebbe essere inviato a tutti i giornalisti e alle redazioni del settore automobilistico, del lusso, di tendenza, a volte a riviste femminili, a testate nazionali, agenzie, testate modenesi, testate locali di dove si è svolto l'evento ecc.

Le redazioni tradizionaliste sono abituate a ricevere il comunicato stampa in formato Word o Pdf e immagini in Jpg ad alta risoluzione. Io preferisco inviare il comunicato stampa direttamente in formato Html (lo stesso che poi utilizzo nei diversi siti di comunicati stampa) per agevolare i redattori online, che potranno fare copia e incolla direttamente delle porzioni di codice Html di interesse.

La stessa email potrà essere inviata a quegli indirizzi di posta elettronica speciali. In questo modo si possono non differenziare le versioni da inviare a diversi indirizzi email e usare uno speditore che possa pescare dai data base dati gli opportuni parametri.

Qualora per l'invio utilizzaste un normale client di posta elettronica con differenti liste di distribuzione, ricordatevi di mettere tali liste in Ccn (in inglese Bcc). Ovviamente si potrebbe ritagliare l'invio per le differenti tipologie di redazioni, cioè lo stesso comunicato stampa, leggermente modificato, può essere inviato a un più ampio spettro di redazioni e di giornalisti.

Introduzione manuale

Vi sono molti siti (di solito di comunicati stampa e di *article marketing*, ma non solo) che richiedono l'introduzione del comunicato stampa da parte dell'utente spesso in formato Html base con alcune limitazioni e, meno frequentemente (in Italia), in formato testo (pochissime piattaforme come il forum di Giorgio Tave richiedono l'utilizzo di un formato "simil Html").

Attenzione: la fase di introduzione deve essere preceduta da un'accurata fase di pianificazione, quindi di configurazione e di scelta degli strumenti.

Scelta dei siti

In Italia, i siti di comunicati stampa e di *article marketing* sono più di 50. A seconda del tempo a disposizione e del risultato che si vuole ottenere, si può decidere di usarli tutti o solo un'accurata selezione.

Come selezionare i migliori "siti" per le nostre esigenze e quelle dei nostri clienti? Ecco alcuni possibili criteri:

- il sito deve utilizzare una piattaforma standard (solitamente in Italia vengono usate Jomla, WordPress, Blogger, quasi mai Drupal) o almeno consentire l'introduzione del comunicato stampa in formato Html;

- il sito deve garantire un'alta percentuale di pubblicazione o, meglio ancora, pubblicare immediatamente;

- il sito deve avere poche limitazioni di introduzione o al limite "limitazioni standard" (ad esempio, massimo 3 link);

- il sito deve essere online da molti anni;

- il sito deve fornire a ogni comunicato stampa molta visibilità sui motori di ricerca;

- il sito deve diffondere il comunicato stampa ivi pubblicato, i post pubblicati nei principali siti vengono ripresi da altri;

- il comunicato stampa introdotto in un sito deve essere ripreso da Google News;

- il comunicato stampa pubblicato deve entrare in una comunità molto estesa.

Ovviamente, siti che forniscono molte funzionalità possono

permettersi di richiedere un'introduzione più laboriosa e/o un contributo economico. Sono tanti i siti di comunicati stampa in lingua inglese che offrono servizi a pagamento, a seconda delle funzionalità offerte, come PRWeb, PRLeap ecc. Per una certa cifra, dunque, un buon comunicato stampa entrerà in Google News, Yahoo! News ecc.

Scelta di user e password

Consiglio di non utilizzare mai uno user per cliente, anche con i clienti più esigenti, ovvero "ducati" per Ducati, "ferrari" per Ferrari ecc. La semplice gestione di 5 clienti con 5 diversi user è già un'impresa. Consiglio di scegliere e utilizzare sempre uno **user di agenzia** con almeno *sette caratteri* e *scelto in modo che altri non lo possano avere già scelto.*

Consiglio inoltre di usare solo caratteri alfanumerici (a-z, A-Z, 0-9). Tenete presente che alcune piattaforme e alcuni siti hanno strane limitazioni sull'utente.

Mi è capitato di imbattermi in importanti siti internazionali che chiedevano uno user di più di 6 caratteri. Di conseguenza, ho dovuto affiancare al mio abituale *pivari* anche *fpivari* e a volte il mio indirizzo email (fabrizio@pivari.com).

SEGRETO n. 12: è preferibile usare solo *user di agenzia* perché la gestione dell'eccezione è pressoché impossibile se non si ha la possibilità di memorizzare gli utenti (e le password) tramite il browser.

Anche per la password, consiglio di sceglierne una di otto caratteri alfanumerici e di utilizzare sempre quella. Purtroppo, per alcuni specifici siti con particolari richieste di security, ho dovuto affiancare alla mia password di sette caratteri una password da otto.

Creazione e configurazione dello user
La creazione dello user è spesso complessa, anche se l'amministratore utilizza piattaforme standard come WordPress o Blogger.

Abituatevi a identificare immediatamente la piattaforma utilizzata: si tratterà di Blogger se il sito ha un URL del tipo xxxx.blogspot.com ma, visto che vi è la possibilità di utilizzare anche domini non blogspot.com, l'unico vero identificativo è la presenza in alto a sinistra della B di Blogger.

Se identificate che il sito è Blogger, dovrete trovare l'email a cui scrivere per farvi mandare l'invito (ricordate di creare prima un opportuno user Google se non l'avete ancora). Un sito WordPress può essere identificato dal dominio xxx.wordpress.com o, andando a fine blog, se è presente la scritta che il sito è fatto utilizzando WordPress. La certezza la avrete solo aggiungendo al dominio */wp-login.php*. Ad esempio: http://www.comunicati-stampa.com/wp-login.php.

In alcuni siti, se non avete già uno user, in questa pagina potrete crearlo con una procedura che vi invierà un'email con la password all'indirizzo email introdotto. Entrando poi nel relativo back office, potrete configurare i vostri dati e cambiare la password. In alcuni siti WordPress, la creazione dello user non è automatica, quindi dovrete scrivere agli indirizzi email indicati per chiedere la creazione di un utente.

Consiglio di configurare il proprio user introducendo tutti i dati personali, anche facoltativi, (almeno web) in modo da agevolare possibili contatti.

Altre piattaforme utilizzate sono Joomla, Drupal (pochissimo Tumblr e Ning) e piattaforme *proprietarie*. Creare un utente sui vari siti non è un'attività semplice e richiede una significativa quantità di tempo.

Scelta del browser e bookmark

Sul mio computer (Windows) ho installato IE, Mozilla, Chrome e per un breve periodo anche Safari. Al momento utilizzo Mozilla per una funzionalità nel bookmark che gli altri non mi sembra forniscano. Nel bookmark, create directory a tema ad esempio: comunicato stampa italiano, comunicato stampa inglese, ma anche comunicati stampa informatici, comunicato stampa sul turismo ecc.

All'interno di ogni directory, raggruppate le pagine dei siti di interesse dove si devono inserire user e password. Ad esempio, per WordPress, /wp-login.php.

Salvate opportunamente, per ogni sito, user e password. Dovete inserite un comunicato stampa in italiano? Utilizzando Mozilla andrete nei bookmarks, nella relativa directory, e, sfogliando tutte le pagine memorizzate, alla fine troverete "Open All in Tabs" e in un colpo solo li avrete tutti a diposizione per l'inserimento!

Inserimento

In generale, tutti i siti che accettano Html hanno almeno due campi obbligatori: il titolo e il body. Per poter inserire il body in formato Html, in alcuni siti (WordPress e Blogger) vi sarà "tab Html". In altri un tasto Html o il simbolo <> (Joomla). A volte sarà sufficiente inserire l'Html nel campo body, anche se non specificato, che viene supportato dall'Html.

Sebbene gli altri campi siano facoltativi, per sfruttare al meglio l'inserimento è importante selezionare la corretta categoria, inserire le chiavi dove possibile e il sottotitolo.

Facendo copia e incolla dei vari campi dai file precedentemente predisposti si velocizza l'attività di introduzione che rimane però un'attività lenta.

Attenzione: non lasciatevi prendere dalla foga di finire e non sottovalutate questa fase: un errore in fase di introduzione vuol dire almeno un tempo doppio per cercare di correggere l'errore, spesso senza riuscire a correggerlo ovunque (in alcuni siti la metodologia per correggere un comunicato stampa è molto complessa e talvolta l'unica strada è chiedere la modifica alla redazione).

Un errore nel titolo il più delle volte vuol dire un errore nell'URL finale del comunicato. Spesso correggere il titolo non implica correggere l'URL.

Introduzione pseudo-manuale

Vi sono software client e siti web che consentono, utilizzando Xml-Rpc o Atom, di introdurre un post in più siti (configurati precedentemente introducendo user e password) semplicemente cliccando un bottone.

Questi software *miracolosi*, però, hanno grossi limiti. Supponiamo, ad esempio, di utilizzarli solo per WordPress. Diventerà difficilissimo anche solo selezionare la giusta categoria per ogni comunicato stampa, a meno di non decidere di preimpostare una categoria specifica e introdurre comunicati stampa relativi solo a quella categoria.

Forse il problema maggiore è che spesso i siti non autorizzano l'utilizzo di Xml-Rpc e Atom per l'inserimento (ad esempio su WordPress di default è settato il non utilizzo).

Cross-posting

Esistono siti web specializzati in cross-posting (forse uno dei più famosi è posterous.com) che consentono di ripubblicare un articolo, pubblicato in un sito, in una lista di altri siti, tra cui anche social news, social network ecc. Anche in questo caso è difficilissimo fare introduzioni che sfruttino al meglio le possibilità offerte da ogni piattaforma e spesso introducono almeno un link per far capire da che software è stato fornito il servizio.

Proprio sito

Introducendo i comunicati stampa dei propri clienti o della propria azienda in un proprio sito (press room) si può controllare la diffusione automatica dei comunicati nei propri social network, in alcuni feed aggregator ecc.

Ad esempio posso introdurre i comunicati stampa dei miei clienti nel sito http://clienti.comunicati-stampa.com, realizzato utilizzando Blogger. Potrei quindi configurare Facebook, Linkedin ecc. in modo che importino tutti i post ivi introdotti o configurare feed aggregator perché utilizzino i feed del mio blog o utilizzare web application come RSS to Twitter ecc.

RIEPILOGO DEL CAPITOLO 4:

- SEGRETO n. 10: riduci al minimo la possibilità di generare errori poiché un errore in fase di distribuzione è difficilmente correggibile e richiede sforzi nettamente superiori a quelli di distribuzione.

- SEGRETO n. 11: non fare mai modifiche in fase di inserimento, ma modifica con calma e controllando più volte le modifiche effettuate nel materiale d'appoggio.

- SEGRETO n. 12: è preferibile usare solo *user di agenzia* perché la gestione dell'eccezione è pressoché impossibile se non si ha la possibilità di memorizzare gli utenti (e le password) tramite il browser.

CAPITOLO 5:
Come valutare una campagna di distribuzione

Il principale, e sempre sbandierato, vantaggio di Internet rispetto ad altri media è costituito dalla semplicità offerta nel valutare quanto fatto e gli effetti prodotti. Purtroppo non è così semplice valutare una campagna di distribuzione di comunicati stampa Internet. Di seguito vi illustro alcune possibili modalità.

Fotografia dei motori

Visto che ogni comunicato stampa viene costruito attorno a specifiche chiavi utili, per la ricerca del comunicato stesso e per descrivere i link utilizzati, si può fare una fotografia per le suddette chiavi pre e post campagna di distribuzione del comunicato. Questo vi permetterà di comprendere il *guadagno* ottenuto in chiave SEO per le chiavi da voi selezionate.

SEGRETO n. 13: fotografa i motori, per le chiavi selezionate, prima e dopo per capire l'efficacia della strategia SEO esterna.

Le strategie di email marketing: i link

Utilizzando le strategie di email marketing si potrebbero *tracciare i link* riuscendo così a sapere da quali siti e quali link sono stati utilizzati e quante volte. Solitamente i numeri sono bassi e poco significativi, perché non tengono conto della lettura del comunicato, dei siti dove non si riescono a introdurre link traccianti e, ovviamente, dei risultati ottenuti da articoli pubblicati da redazioni.

Le strategie di email marketing: l'immagine

Si potrebbe tracciare il caricamento dell'immagine riuscendo così a sapere su ogni sito quante volte la pagina è stata aperta e, di conseguenza, riuscire a capire la validità di ogni sito per i nostri comunicati stampa.

Immaginate di disporre di un'immagine molto piccola e di utilizzare sul sito 1 l'immagine che avete salvato sul vostro sito chiamandola "immagine1.jpg", sul sito 2, "immagine2.jpg" e così via. Ogni volta che la pagina verrà aperta e l'immagine caricata, voi lo saprete. L'unica limitazione è che questa strategia può essere utilizzata solo con siti in cui si riesce a introdurre direttamente il comunicato stampa in formato Html e che supportano l'introduzione di immagini. Inoltre, modificare anche semplicemente l'Html in fase di introduzione è un'attività che richiede grande concentrazione e molto tempo.

Probabilmente con validi tool di analisi di log si può arrivare allo stesso grado di profondità di analisi con un'unica immagine. Questa attività vi potrà fornire validi risultati sulla qualità dei siti in cui pubblicate per arrivare a stilare una graduatoria qualitativa.

SEGRETO n. 14: traccia le immagini per capire l'apporto di singoli siti e crea una lista qualitativa.

I link dei post pubblicati

Cercando il titolo esatto del comunicato stampa dopo alcuni giorni, e sapendo dove è stato introdotto, si può stilare un elenco dei siti che hanno pubblicato il comunicato stampa.

Se ad esempio il titolo del comunicato stampa era: «Comunicati-Stampa.com, il primo blog italiano interamente dedicato ai comunicati stampa, si rinnova», cercando su Google il titolo inserito nei doppi apici, troverete tutti i siti che hanno pubblicato il comunicato stampa, ovviamente se non hanno modificato il titolo.

Alcune grosse agenzie, per agevolare il compito, utilizzano un numero identificativo progressivo nel titolo: ad esempio, mettendo alla fine del titolo "PIV1234567" dove "PIV" sta per Pivari e "1234567" è un numero progressivo. In questo modo si è sicuri di aver introdotto una chiave Internet univoca che, cercandola su Google, fornirà la lista dei siti dove il comunicato stampa è stato pubblicato (sperando che la redazione non abbia cancellato questa chiave)

I link dei post pubblicati in Google News, Yahoo! News ecc.
Le principali redazioni, quando pubblicano i comunicati stampa ricevuti nelle proprie testate, modificano i titoli. Sebbene le loro pubblicazioni siano poi visibili anche in Google News, Yahoo! News, Liquida ecc., spesso non è semplice trovare gli articoli pubblicati perché non sempre le chiavi selezionate dai vari siti corrispondono a quelle scelte per il comunicato stampa.

Analizza i report del web e vedi gli scostamenti

Avendo a disposizione i log del sito in questione, verifica gli scostamenti pre e post campagna di distribuzione del comunicato stampa. L'aumento di visite complessive ti darà un'indicazione dell'aumento del numero di visite ottenute dall'apporto diretto della pubblicazione del comunicato stampa e di quello ottenuto dalla scalata nei motori di ricerca grazie alle chiavi selezionate nei link Html.

SEGRETO n. 15: analizza i report del sito per cercare di ottenere una panoramica a 360 gradi.

RIEPILOGO DEL CAPITOLO 5:

- SEGRETO 13: fotografa i motori, per le chiavi selezionate, prima e dopo per capire l'efficacia della strategia SEO esterna.

- SEGRETO 14: traccia le immagini per capire l'apporto di singoli siti e crea una lista qualitativa.

- SEGRETO 15: analizza i report del sito per cercare di ottenere una panoramica a 360 gradi.

CAPITOLO 6:

Come si opera in Italia

Quali sono i siti dei comunicati stampa italiani che sono anche fonte per Google News e come sfruttarli al meglio? Al momento io conosco solo questi siti, esclusivamente dedicati ai comunicati stampa, che sono fonti dirette di Google News:

- A-Zeta.it;

- InfoNotizie.com;

- Informazione.it;

- CorriereInformazione.it;

- Comunicati-Stampa.com;

- ComunicatiStampaPiemonte.it;

- Comunicati123.com;

- BusinessPortal24.com;

I siti elencati prevedono – previa registrazione online o tramite richiesta di registrazione che assegnerà un utente abilitato all'introduzione – l'accesso a una parte di back office dove poter introdurre i propri comunicati stampa che, successivamente, vengono analizzati e pubblicati (se approvati) dalla redazione. L'introduzione è gratuita. Solo CorriereInformazione.it prevede un contributo per la pubblicazione.

SEGRETO n. 16: impara a scegliere e selezionare i migliori siti per il tuo comunicato stampa.

A-Zeta.it e InfoNotizie.com sono dello stesso editore e si comportano in modo analogo. Supportano esclusivamente l'introduzione in formato testo. Si devono introdurre il titolo e il corpo del comunicato stampa, il link di approfondimento con la relativa descrizione, la categoria di appartenenza del comunicato, una sequenza di chiavi di rilievo per il comunicato stampa (separate da virgola) e l'immagine di accompagnamento.

È importante introdurre l'immagine perché i software di entrambi i siti la ottimizzano facendo in modo che Google News la visualizzi.

Titolo del Comunicato (obbligatorio)

Testo (obbligatorio)

Categoria di appartenenza del comunicato (obbligatorio)

Immagine (non obbligatoria)
Ignora questo campo se non si vuole un'immagine nel comunicato.
Le immagini saranno mostrate per 240 pixel di larghezza.
Sono consentite solo immagini jpg per un massimo di 100Kbyte.

Sfoglia...

Link a eventuale pagina (non obbligatorio) **(non scrivere http://)**
http://

Testo del Link (non obbligatorio)

Tagga il Comunicato (max.120 car. - circa 2 righe)
Indica, separato da virgola, l'elenco dei principali argomenti trattati dal Comunicato
Massimo numero di tag: 3
Esempio: Italia, Cultura, Attualità

Inserisci il nuovo Comunicato

CorriereInformazione.it supporta esclusivamente l'introduzione in formato testo. Si devono inserire il titolo, l'occhiello e il corpo del comunicato, si deve scegliere una categoria e si possono indicare i link di approfondimento, la relativa descrizione testuale e la fonte della notizia con la relativa descrizione.

L'introduzione in Informazione.it è molto articolata. Oltre a titolo e occhiello in formato testo, si possono introdurre il corpo del comunicato stampa in Html base (le immagini non sono supportate e verranno automaticamente eliminate dal codice), parole chiave, città di rilascio, data, fino a 3 categorie, sito web, i riferimenti di contatto e i riferimenti dell'ufficio stampa, entrambi molto dettagliati (persona, ente/azienda, via, CAP, città, nazione, email, telefono).

Comunicati-Stampa.com, ComunicatiStampaPiemonte.it e Comunicati123.com, utilizzando lo stesso CMS (WordPress), hanno la stessa interfaccia nel back office e richiedono l'introduzione obbligatoria solo di titolo e body (è sempre possibile l'introduzione in formato Html). Tanti i campi facoltativi (standard WordPress) come "Categories/Categorie",

"Excerpt/Riassunto", "Post Tags/Tag articolo". Non dimenticatevi di sfruttare al meglio (se presente) il plugin "All in One SEO Pack" (o plugin similari di ottimizzazione SEO). Interessante anche la possibilità di modificare il permalink.

Come avere la garanzia che una redazione pubblichi un comunicato stampa inviato via email?

Se trovate il modo fatemelo sapere! Per raggiungere un simile obiettivo la strada è lunga e non si potrà mai avere garanzia al 100%. Ecco alcuni suggerimenti:

1. create un data base di indirizzi email molto dettagliato e differenziato, ovvero: email divise per settori (finanza, medicina ecc.), email generiche e personali, email di portali fonti di Google News e non e così via;

2. a seconda del comunicato stampa (il brand trattato, la qualità del comunicato stampa, i settori coinvolti) fate invii quanto più possibili mirati, in modo di limitare al minimo quelli percepiti come *non interessanti* dal ricevente;

3. costruitevi un nome che sia garanzia di tale qualità di servizio.

SEGRETO n. 17: effettua invii quanto più possibile mirati, in modo di limitare al minimo quelli percepiti come *non interessanti* dal ricevente.

Come velocizzare l'introduzione?

1. Configurate i siti che accettano l'introduzione via email in modo che pubblichino in autonomia (attenzione che questo significa che se sbagliate l'invio dovrete poi correggere tutto a mano). I siti principali sono: comunicati.net, tutti i siti Blogger, Tumbler, Posterous e forse altri.

2. **Ottimizzate** al meglio il **bookmark** mettendo i siti di interesse in un'unica cartella (ad esempio "CS italiani"). Quindi mettete in sequenza i siti con lo stesso CMS (per esempio tutti i WordPress, tutti i Joomla, tutti i Drupal) e memorizzate, peer ogni sito, la pagina di login, che spesso non corrisponde alla Home page (ad esempio, per i siti WordPress è /wp-login.php) e salvate user e password (alla faccia della security meglio se identiche in tutti i siti). Quando dovrete fare una distribuzione, potrete aprire tutti i siti contemporaneamente. Fare un veloce login e introdurre il CS per gruppi omogenei. Valutate in base alla qualità se

mettere nel bookmark siti con richieste di introduzione obbligatorie troppo dettagliate.

SEGRETO n. 18: configura i siti che accettano l'introduzione via email in modo che pubblichino in autonomia e ottimizza al meglio il bookmark.

RIEPILOGO DEL CAPITOLO 6:

- SEGRETO n. 16: impara a scegliere e selezionare i migliori siti per il tuo comunicato stampa.

- SEGRETO n. 17: effettua invii quanto più possibile mirati, in modo di limitare al minimo quelli percepiti come *non interessanti* dal ricevente.

- SEGRETO n. 18: configura i siti che accettano l'introduzione via email in modo che pubblichino in autonomia e ottimizza al meglio il bookmark.

Conclusione

L'intento di questo libro è quello di fornirvi metodologie operative e solide basi su cui costruire la vostra attività di distribuzione comunicati stampa Internet per la vostra azienda, per eventi locali, per aziende di amici, per una nuova realtà imprenditoriale.

Ho cercato di descrivervi quasi dieci anni di attività nel settore cercando, per quanto possibile, di svelarvi tutti i miei trucchi professionali.

Nella speranza di non aver creato solo potenziali terribili rivali, ma una comunità di operatori settoriali intenzionata a crescere come sta crescendo Internet, vi invito ad approfondire personalmente anche le tematiche marginalmente esplorate e a scambiare direttamente con me opinioni in merito scrivendo all'indirizzo: fabrizio@pivari.com.

Fabrizio Pivari

www.ingramcontent.com/pod-product-compliance
Lightning Source LLC
LaVergne TN
LVHW041231200726
843507LV00013B/2654